AF258604

OLYMPE

ABÉCÉDAIRE MYTHOLOGIQUE,

OU

PETITS SUJETS

TIRÉS DE L'HISTOIRE DES DIEUX,

AVEC DES CONTES, DES FABLES ET DIALOGUES,

Propres à intéresser la curiosité des Enfans,
et à leur faire aimer la lecture ;

Orné de jolies Figures.

Amuser les Enfans, c'est déja les instruire.

AVIGNON,

Laurent AUBANEL, Imprimeur-Libraire.

1812.

<table>
<tr><td>g</td><td>h</td></tr>
<tr><td>ij</td><td>k</td></tr>
<tr><td>l</td><td>m</td></tr>
</table>

n	o
p	q
r	s

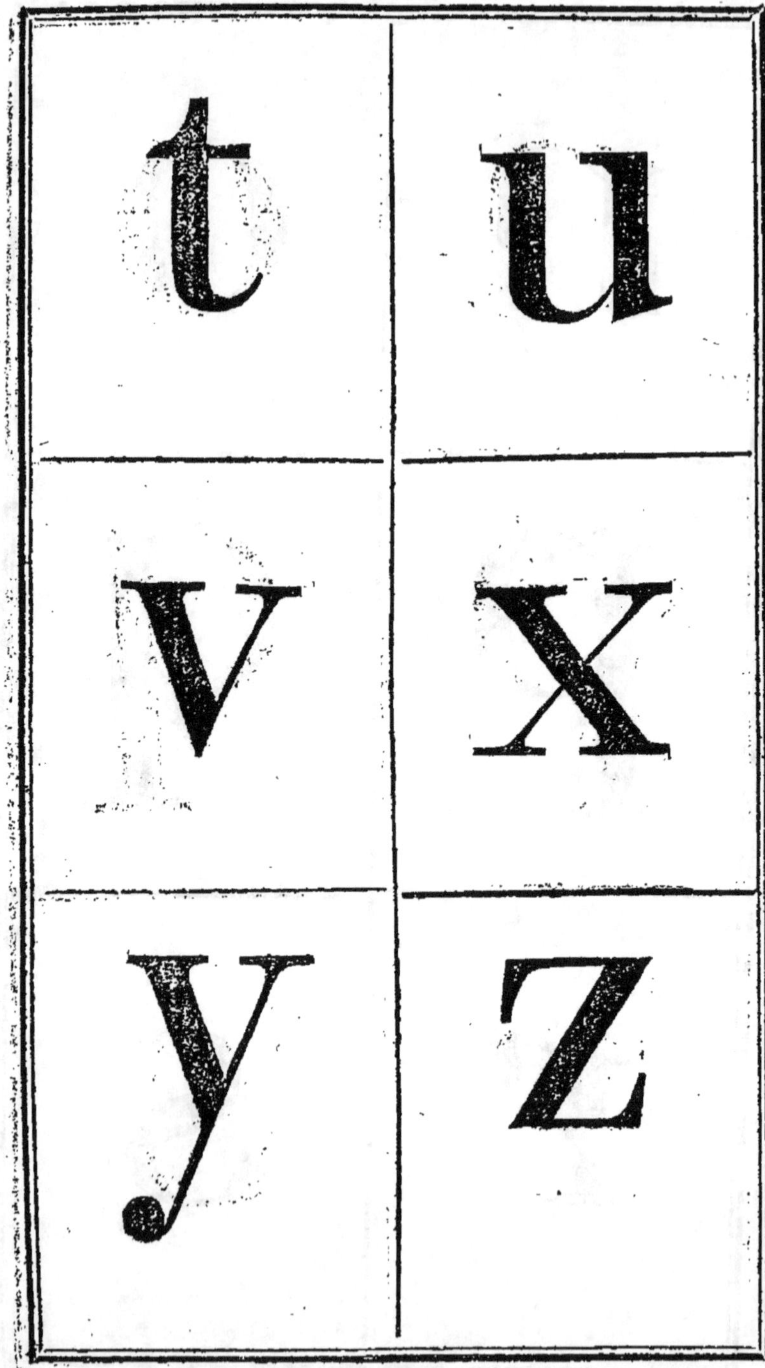
t u
v x
y z

Figure des Lettres comparées.

~~~~~~~~~~~~~~~~~

Romaines.		Italiques.	
A	a	*A*	*a*
B	b	*B*	*b*
C	c	*C*	*c*
D	d	*D*	*d*
E	e	*E*	*e*
F	f	*F*	*f*
G	g	*G*	*g*
H	h	*H*	*h*
I	i	*I*	*i*
K	k	*K*	*k*
L	l	*L*	*l*
~~~~~~~~~~~~~~~~~

M	m	*M*	*m*
N	n	*N*	*n*
O	o	*O*	*o*
P	p	*P*	*p*
Q	q	*Q*	*q*
R	r	*R*	*r*
S	s	*S*	*s*
T	t	*T*	*t*
U	u	*U*	*u*
V	v	*V*	*v*
X	x	*X*	*x*
Y	y	*Y*	*y*
Z	z	*Z*	*z*

Toutes ces lettres ne se prononcent pas de la même manière : dans les vingt-quatre, il y en a cinq que l'on nomme *voyelles*, qui, à elles seules, produisent un son plein et net.

Voici les voyelles :

Aa , Ee, Ii *ou* Yy, Oo , Uu,

o u

Aa , Ee , Ii ou *Yy , Oo , Uu.*

Les dix-neuf lettres qui restent se nomment *consonnes ;* les voici :

Bb , Cc , Dd , Ff , Gg , Hh , Jj , Kk, Ll, Mm, Nn , Pp , Qq, Rr , Ss, Tt, Vv , Xx , Zz ,

o u

Bb , Cc , Dd , Ff , Gg , Hh , Jj , Kk, Ll , Mm , Nn , Pp , Qq , Rr , Ss , Tt , Vv , Xx , Yy , Zz.

Ces lettres *consonnes* ne forment des mots qu'à l'aide des voyelles *a , e , i , o , u ,* d'où elles empruntent leurs sons. Chacune prise séparément se prononce comme si elle étoit suivie d'un *e.*

Exemples pour les dix-neuf consonnes.

b *ou* *b*	be	*ou* *be*	n *ou* *n*	ne *ou* *ne*
c *c*	ce	*ce*	p *p*	pe *pe*
d *d*	de	*de*	q *q*	que *que*
f *f*	fe	*fe*	r *r*	re *re*
g *g*	ge	*ge*	s *s*	se *se*
h *h*	he	*he*	t *t*	te *te*
j *j*	je	*je*	v *v*	ve *ve*
k *k*	ke	*ke*	x *x*	xe *xe*
l *l*	le	*le*	z *ʒ*	ze *ʒe*
m *m*	me	*me*		

Consonnes et Voyelles mêlées ensemble.

c, d, b, g, a, m, d, o, p, q, e, r, s, t,
v, u, x, z, y, i, b, f, g, d, e, c, h, m,
n, p, j, a, l, r, s, t, u, v, x, o, z.

Voyelles renversées.

u, o, y *ou* i, e, a.

Alphabeth mêlé en Romain, en Italique et en Capitales.

a, Z, b, *y*, c, X, d, *v*, e, V, F, *t*, g,
S, *h*, r, i, Q, j, P, k, o, *l*, n, *M*.

Syllabaire simple.

a, e, i *ou* y, o, u

Ba be bi bo bu

Ca ce ci co cu

Da de di do du

Fa fe fi fo fu

Ga ge gi go gu

Ha he hi ho hu

Ja je ji jo ju

Ka ke ki ko ku

La le li lo lu

Ma me mi mo mu

Na ne ni no nu

Pa pe pi po pu

qua que qui quo quu

Ra re ri ro ru

Sa se si so su

Ta te ti to tu

Va ve vi vo vu

Xa xe xi xo xu

Za ze zi zo zu

Mots

Mots les plus faciles à épeler.

Sons simples.

Pa pa,   Papa.
Bo bo,   Bobo.
Mi di,   Midi.
Co co,   Coco.
A mi,   Ami.
De mi,   Demi.
Ce la,   Cela.
Ce ci,   Ceci.
Da da,   Dada.
Ma ma,   Mama.
Pi lo ti,   Piloti.

Syllabaire composé.

Bla	ble	bli	blo	blu
Bra	bre	bri	bro	bru
Cha	che	chi	cho	chu
Chra	chre	chri	chro	chru
Cla	cle	cli	clo	clu
Cra	cre	cri	cro	cru
Dra	dre	dri	dro	dru
Fla	fle	fli	flo	flu
Gla	gle	gli	glo	glu
Gna	gne	gni	gno	gnu
Gra	gre	gri	gro	gru
Pla	ple	pli	plo	plu
Pra	pre	pri	pro	pru
Pha	phe	phi	pho	phu
Rha	rhe	rhi	rho	rhu
Tha	the	thi	tho	thu
Tra	tre	tri	tro	tru
Vra	vre	vri	vro	vru

Sons composés.

Mon.	Toi.	Car.	Tel.
Ton.	Soi.	Cor.	Au.
Nos.	Lui.	Dos.	Jou jou.
Mou.	Mur.	Ver.	Son.
Moi.	Par.	Mal.	Bon.

Sons plus composés.

Mien.	Nous.	Buis.	Liard.
Tien.	Luit.	Vent.	Pied.
Sien.	Eau.	Loin.	Dieu.
Lourd.	Peau.	Vert.	Fier.
Leurs.	Peaux.	Leur.	Jouer.
Corps.	Poix.	Doit.	Puant.
Vous.	Louis.	Voit.	Suer.
Gain.	Court.	Muet.	Foin.
Frein.	Dans.	Nuit.	Pion.

Mots un peu plus difficiles à épeler.

EXEMPLES de l'e muet.

Mon de.	Fem me.	Vi e.
Pou le.	Fi o le.	Jo li e.
Ter re.	Lu ne.	En vi e.
Fer me.	On de.	Vu e.

Lettres accentuées.

Nota. Avant d'aller plus loin, le maître doit appuyer sur la connoissance des voyelles ou sons naturels de la voix ; des consonnes, ou lettres qui n'ont de sons que quand elles sont jointes aux voyelles ; expliquer ce que sont les diphthongues, ou plusieurs voyelles réunies, et ne formant qu'un son ; ce que sont enfin les lettres accentuées, ou dont le son est modifié par un accent qu'on place dessus. Ces accens rendent la voyelle plus ou moins longue.

L'accent aigu se marque ainsi (') et se place sur l'e.

E X E M P L E S.

Été.	É co le.
É cor ce.	Fer me té.
Fi er té.	Cré an ce.
Cré a teur.	Ré gent..
Ré fé ré.	Ré gé né ré.

L'accent grave se marque ainsi (`) et ne se met volontiers que sur l'e, quelquefois sur l'a, mais il n'en change point le son.

E X E M P L E.

Pè re.	Mè re.

Mi sè re.   Pro grès.
Suc cès.   Ex cès.

L'accent circonflexe se marque ainsi (ˆ)
et se met sur toutes les voyelles.

EXEMPLE.

Hâ te.   Pâ te.
Tê te.   Mê me.
Gî te.   Faî te.
Cô te.   Dô me.
Bû che.   Flû te.

Le tréma se marque ainsi (¨) et se met
sur l'i plus souvent que sur les autres
voyelles.

Ha ïr.   A ï eul.
Na ïf.   No ël.

Mots à épeler.

Blâ mer.   Hom me.
Bru nir.   Hym ne.
Sem bla ble.   Il lu sion.
Croi re.   Il lus tre.
Clai ron.   Jar din.
Chat.   Chi en.

Crain dre.

Fla gel la tion.

Fran ce.

Gram mai re.

Glan de.

Pe ser.

Ruis seau.

Pos te.

Pé ti tion.

Ra ti on.

Ka rat.

Pris.

Plon ger.

Quai.

Qua dru pè de.

Qua li té.

Que.

Qui.

Quel con que.

Ques ti on.

Quoi.

Rhô ne.

Saint.

Rai son.

Tho mas.

Tout.

Pe tit.

Vi o len ce.

Va ri a ti on.

Wal bourg.

Wal lons.

War wick.

Xa vier.

E xer ci ce.

Lu xe.

A xe.

Zo dia que.

Ziz zag.

Exemple de l mouillée , du ç cédille ,
des ph , et des lettres doubles.

Bouil lon.

Cail le.

Fau teuil.

Fa ça de.

Ci trouil le.   Pha ra mond.
Hy æne.   Cœur.
Fa çon.   Phra se.
Phi lo so phe.   Chœur.

Phrases à épeler.

J'i rai tan tôt dans le par ter re , **et**
je choi si rai des fleurs pour en fai re un
bou quet à maman.

Je suis bien con tent de ma jour née
d'hier , car j'ai bien lu, j'ai bien obé i,
et ma man , qui me ré com pen se toujours quand je fais bien , m'a don né
deux bai sers et un ex cel lent gâ teau.

Oh ! que c'est un grand plai sir pour
moi que de sau ter et de cou rir dans
les champs quand il fait beau , et que
j'ai bien con ten té pa pa et ma man !

Quand je sau rai bien lire , je li rai tout
seul de jo lis con tes com me ceux qu'on
me ra con te quel que fois , et qui m'a-
mu sent tant.

Il faut bien met tre à pro fit sa jeunes se, pour pou voir jou ir de son tra-
vail dans l'âge mûr.

FABLE A ÉPELER.

L'ENFANT ET LE SERPENT.

Un en fant qui jou ait près d'un buisson de ro ses, a per çut un ser pent.
Oh ! la jo lie bê te s'écri a-t-il, en sautant de joie ; el le cou che par mi les
fleurs. Mais quoi ! el le bâil le ; el le a
faim. Oh ! don nons-lui bien vî te un
peu de mon pain et de mes con fi tu res.

Ain si par le le pau vre en fant qui
ne sait pas en co re ce que c'est qu'un
ser pent, et il se hâ te de ten dre quelque cho se à la bê te per fi de.

Le ser pent ne voit pas plu tôt la
main qui veut lui fai re du bien, qu'il
se jette des sus, et la dé chi re de ses
dents vé ni meu ses.

Tâ chez de ren dre ser vi ce aux mé-
chans : ils s'em pres sent de vous fai re
du mal.

Phrases à lire.

AMÉDÉE.

Dépêchons-nous, ma sœur, d'étudier et de lire notre leçon. Tu sais que maman nous a promis une petite boîte de dragées, quand nous aurions lu, si elle étoit contente de nous.

VIRGINIE.

Mais, mon frère, ce n'est donc que pour la boîte de dragées que tu veux bien étudier et bien lire.

AMÉDÉE.

Mais une boîte de dragées ! songe donc que c'est beaucoup à la fois.

VIRGINIE.

Oui, mais contenter maman, comptes-tu cela pour rien ? penses-tu que cela ne vaille pas mieux encore que tes dragées ?

AMÉDÉE.

Oh ! si, ma sœur, mais les dragées ne feront pas mal par-dessus le marché.

VIRGINIE.

Tu ne fais rien que pour l'intérêt, mon frère.

AMÉDÉE.

Ah ! mon Dieu ! ne voudrois-tu pas me faire croire que tu ne croques pas les dragées avec plaisir quand tu en as !

VIRGINIE.

Oh ! cela n'est pas beau, de désirer de bien faire pour être récompensé.

AMÉDÉE.

Je te demande s'il est bien plus beau de te croire meilleure que ton frère ! Tu n'as que de l'orgueil, ma sœur, et tu crois valoir mieux que moi, parce que j'avoue que je suis friand de dragées, et que je le dis franchement. La différence qu'il y a entre nous, c'est que tu les manges sans en rien dire.

VIRGINIE.

Ah ! mon frère ! voilà que tu vas te fâcher ! Eh bien ! pour te prouver que je pense comme je parle , c'est que je te cède mes dragées , si tu veux me céder le baiser que maman t'a promis.

AMÉDÉE.

Non pas , non pas , les dragées me paroîtroient amères , si maman ne me donnoit point un baiser. Je veux l'un et l'autre , quoique tu en dises.

VIRGINIE.

Eh bien ! je t'avoue que c'étoit un piège que je te tendois ; je vois maintenant que nous pensons l'un comme l'autre. Embrassons-nous.

Signes de la Ponctuation.

, Virgule.   . Point.   ; Point-virgule.
: Deux-points.   ? Point d'interrogation.
! Point d'exclamation.   ' Apostrophe.
( ) Paranthèses.   » Guillemet.
- Trait d'union.   ç Cédille.

OH ! LE MÉCHANT !

Fuyez ce petit malheureux , que vous voyez là tout seul auprès du mur. Hier il a craché au nez de sa bonne , ce matin il a égratigné sa sœur qui jouoit avec lui , et tout à l'heure il a osé lever la main sur sa mère. C'est un petit monstre que tout le monde doit repousser.

L'AIMABLE ENFANT.

Voyez ce joli petit garçon qui cueille des fleurs au bord du chemin ; si vous avez des dragées dans votre poche, vous pouvez lui en donner , car il mérite qu'on l'aime et qu'on le caresse. Il a très-bien lu sa leçon, il a récité fort joliment une fable ; quand il entre dans une pièce, il ôte toujours son chapeau ; tous les matins il embrasse son papa et sa maman ; il s'empresse de faire tout ce qui peut leur plaire, et parle très-poliment à tout le monde. Il mérite bien qu'on lui donne des dragées.

DE

DE LA MYTHOLOGIE.

La Mythologie ou la Fable est l'histoire des fausses divinités du paganisme. Elle se compose d'un tissu d'imaginations bizarres, et d'un amas de faits sans ordre chronologique et sans vraisemblance ; c'est un composé monstrueux de faussetés, d'impiétés, d'iniquités, sur un fond de vérité qui devient méconnoissable. L'ignorance des hommes lui doit son origine, n'ayant plus qu'une lueur de la connoissance du vrai Dieu, ils tournèrent leurs vœux vers les objets sensibles. Leur vanité leur fit mettre au rang des dieux des personnes que leurs exploits avoient rendus glorieuses, ou dont les talens avoient été utiles à la société, de-là chaque nation eut ses dieux, ses héros.

Ce qui accrédita toutes ces fables, ce fut la corruption du cœur qui chercha à se former un fantôme de religion pour pouvoir impunément flatter ses passions, et se mettre à l'abri des remords et de la punition par l'exemple de dieux criminels. Les démons amusèrent les hommes par un masque de culte nécessaire, et qui ne genât pas leurs passions.

On peut retirer plusieurs avantages de la Fable ; elle nous apprend d'abord jusqu'à quel point d'extravagance peut aller l'esprit de l'homme obscurci par l'esprit de mensonge, et nous met au fait des ouvrages de peinture, de sculpture, des sujets de tapisseries, etc.

SATURNE.

Saturne étoit le plus ancien des dieux après Cœlus ou le Ciel son père, il fût un bien méchant fils ; il tua son père d'un coup de faulx, et s'empara de son royaume. Son frère aîné, qui s'appeloit Titan, voulut bien lui laisser l'empire, mais à condition qu'il n'élèveroit pas d'enfans mâles : Saturne promit tout ce que voulut son frère, et dès qu'il lui naissoit un enfant, il le dévoroit sans pitié.

Rhée ou Cybèle, sa femme, trouva le moyen de soustraire à sa cruauté Jupiter, Neptune et Pluton. Titan ayant su que son frère avoit des enfans mâles, contre la foi jurée, arma contre lui, et l'ayant pris, l'enferma dans une étroite prison. Jupiter qu'on élevoit dans l'île de Crète, étant devenu grand, alla au secours de son père, défit Titan, rétablit Saturne sur le trône, et s'en retourna en Crète. Quelque temps après, Saturne, ayant appris que Jupiter avoit dessein de le détrôner, voulut le prévenir ; mais celui-ci en étant averti, se rendit maître de l'empire, et en chassa son père. Saturne, détrôné par son fils, quitta l'Olympe, et vint se réfugier en Italie, où il régna avec gloire et avec tranquillité.

On dit que son règne fut l'âge d'or, à cause de la douceur avec laquelle ses paisibles sujets furent gouvernés. Outre ses trois fils, Saturne eut de Cybèle, Junon, épouse de Jupiter : quelques-uns y ajoutent Vesta, Cérès. On le représente communément sous la figure d'un vieillard courbé sous le poids des années, tenant une faux et un sablier, pour marquer qu'il préside au temps et à l'agriculture.

CYBÈLE.

CYBÈLE, fille du Ciel et de la Terre et femme de Saturne, est regardée comme la mère des dieux du premier ordre, et entr'autres, de Jupiter, Junon et Neptune. Sa mère l'exposa, aussitôt après sa naissance, dans une forêt où des bêtes sauvages prirent soin d'elle et la nourrirent. Elle aima passionnément Atys, jeune berger phrygien, qui la dédaigna, et qu'elle métamorphosa en pin. Son culte de-

vint célèbre dans la Phrygie, d'où il fut porté
en Crète.

On croit que Cybèle est la même que la
terre, et on la représente ordinairement tenant un tambour, la tête ceinte de tours, une
corne d'abondance à la main, et un lion à ses
pieds.

JUPITER.

Jupiter ayant chassé du ciel Saturne qui
avoit tenté de le détrôner, auroit pu rester
seul maître, mais il voulut bien partager l'empire avec ses deux frères. Il donna à Neptune
l'empire de la mer et de toutes les eaux, à
Pluton celui des enfers, et il garda pour lui
la plus belle part, l'empire du ciel ; il se ré-
serva, en outre, une certaine autorité sur toutes les autres divinités. C'étoit le plus grand
des dieux ; c'étoit lui qui tenoit la foudre et
qui avoit seul droit de la lancer : quand il fron-
çoit seulement les sourcils, il faisoit trembler
le ciel et la terre.

Jupiter quoique très-puissant, n'étoit pas
sans ennemis : les enfans de Titan qui voyoient
avec peine le sceptre dans d'autres mains que
les leurs, lui firent la guerre. C'étoit de grands
géans dont la tête touchoit à la voute du ciel,
et dont quelques-uns avoient cent bras, cin-
quante têtes.

Jupiter

Saturne

Neptune

Junon

Ils entassèrent rochers sur rochers pour monter dans l'Olympe : c'étoit une célèbre montagne entre la Thessalie et la macédoine, sur le sommet de la quelle Jupiter avec toute sa cour faisoit son séjour ordinaire ; mais Jupiter lança le tonnerre contr'eux, les foudroya ; et les écrasa sous les montagnes même qu'ils avoient déracinées.

On le représente la foudre à la main, l'aigle à ses côtés, la tête couronnée et l'air majestueux.

JUNON.

ELLE étoit reine des dieux, ayant épousé Jupiter dont elle étoit la sœur, on la regardoit aussi comme la déesse de l'air. Elle eut trois enfans, Hébé, Vulcain et Mars.

Elle s'est toujours fait remarquer par sa fierté et sa jalousie. L'inconstance de Jupiter lui donnoit sans cesse de nouvelles rivales à persécuter. Elle persécuta Latone, Alcmène, Semelé ; changea Io en vache, Calisto en ours ; livra aux furies la famille d'Athamas ; suscita tous les travaux d'Hercule, et prolongea pendant dix années les malheurs des Troyens, pour finir par les abîmer avec leur ville.

On la reconnoît au paon qui est à ses côtés ;

on la place ordinairement sous un arc-en-ciel,
le sceptre en main et la tête couronnée.

NEPTUNE.

Neptune, comme nous l'avons vu étoit le
frère de Jupiter, et fut le dieu de la mer. Il
épousa Amphitrite, dont il eut beaucoup d'enfans. Il fut chassé du ciel avec Apollon pour
avoir conspiré contre Jupiter. Apollon fut
garder les troupeaux d'Admète, et se joignit
ensuite à Neptune pour élever les murs de
Troie ; mais Laomédon leur ayant refusé le
prix convenu, Neptune déchaîna les flots, et
au milieu d'eux un monstre affreux, dont la
fille de Laomédon devoit être la proie : heureu-
sement Hercule vint la délivrer.

Son palais étoit au fond de l'Océan : quand
il voyageoit sur les eaux, il étoit monté sur un
char, formé d'un grand coquillage, et traîné
par des chevaux marins. Son sceptre étoit un
trident, ou une fourche de fer à trois dents.

CÉRÈS.

Cérès étoit sœur de Jupiter et de Junon,
elle étoit la déesse de l'agriculture. Elle voya-
gea long-temps avec Bacchus pour enseigner
l'agriculture aux hommes. Pluton lui ayant en-

Cérès

Mercure

Silène

Bacchus

levé sa fille Proserpine, elle alluma deux flam-
beaux sur le mont Etna, et la chercha nuit et
jour.

La nymphe Aréthuse lui apprit que c'étoit
Pluton qui l'avoit enlevée. Cérès descendit
aussitôt aux enfers, où elle trouva sa fille, qui
s'y plaisoit si bien, qu'elle n'en voulut plus
sortir. La déesse eut alors recours à Jupiter,
qui s'engagea à lui faire rendre Proserpine,
pourvu qu'elle n'eût rien mangé depuis qu'elle
étoit entrée dans les Champs-Élysées. Ascalaphe soutint qu'elle avoit cueilli une grenade
dans les jardins de Pluton, et qu'elle en avoit
mangé sept grains. Son indiscrétion lui valut
d'être changé en hibou.

Pour consoler Cérès, Jupiter ordonna que
Proserpine passeroit six mois de l'année avec
elle, et les six autres avec son mari.

On représente Cérès couronnée d'épis, tenant d'une main une faucille, et de l'autre une
gerbe de blé.

MERCURE.

Mercure étoit fils de Jupiter et de Maïa,
l'une des filles d'Atlas. Il étoit interprète et
messager des dieux, il leur portoit les ordres
de Jupiter et les convoquoit au conseil : aussi
étoit-il le dieu des voyageurs et du commerce ;

c'étoit aussi celui de l'éloquence , et on lui attribue l'invention de la lyre. Il conduisoit les ames aux enfers. Enfin, les voleurs lui rendoient un culte particulier ; il avoit dérobé les troupeaux d'Admète que gardoit Apollon.

On le reconnoît au caducée, espèce de sceptre , autour duquel sont entortillés deux serpens ; au petase, chapeau ailé , et à deux talonnières , qui indiquent la légèreté de sa marche.

VESTA.

Il paroît que Vesta est la même que Ops , Rhéa ou Cybèle , femme de Saturne et mère des dieux ; mais sous le nom de Vesta , elle n'est que la déesse du feu. On la représente un flambeau à la main , et une patère pour répandre le parfum sur le feu sacré.

Son culte à Rome , comme en Grèce , consistoit principalement en un feu perpétuel, qui étoit entretenu sur ses autels par des vierges , que les Romains nommoient *Vestales* , et qu'ils punissoient très-sévèrement de leur négligence dans cet auguste emploi.

MARS.

Junon voulant se venger de ce que Jupiter avoit fait Minerve sans elle , créa toute seule Mars.

Flore , la déesse des fleurs , ayant appris son dessein , lui indiqua une fleur très-propre à lui procurer ce qu'elle désiroit , et c'est de cette fleur qu'elle fit naître Mars.

Ce Dieu présidoit à la guerre. On le représente le casque en tête et une épée à la main , souvent sur un char et ne respirant que le fracas des armes. Les Romains lui élevèrent beaucoup de temples : les Saliens étoient ses prêtres , et ils célébroient sa fête en sautant et faisant raisonner leur boucliers.

VÉNUS.

L'opinion la plus répandue est que Vénus sortit de l'écume de la mer , ce qui lui a valu le nom d'Aphrodite. Elle étoit la déesse de la beauté et aussitôt qu'elle parut dans l'Olympe, tous les dieux se disputèrent pour l'épouser. Jupiter donna la préférence à son fils Vulcain , parce qu'il avoit forgé les foudres dont il terrassa les Titans.

Vénus fut regardée comme une des plus grandes déesses , parce qu'elle favorisoit le libertinage. On la représente parée d'une ceinture mystérieuse appelée le ceste de Vénus , tenant une pomme à la main : son char est traîné par des colombes ou des cygnes ; les Grâces la suivent , et les Jeux et les Ris voltigent autour d'elle.

VULCAIN.

Vulcain étoit fils de Jupiter et de Junon ; mais Jupiter le trouva si laid, dès sa naissance, que d'un coup de pied il le précipita du ciel sur la terre. Vulcain s'étant cassé la cuisse dans cette chute, resta boiteux toute sa vie.

Ses principales fonctions furent d'abord de servir à boire aux dieux dans les festins de l'Olympe : mais pour le soustraire à leurs railleries, Jupiter le fit remplacer par Hébé ; et Vulcain ne s'occupa plus qu'à forger les foudres de Jupiter ou les armes de Mars.

Il avoit pour compagnons de ses travaux, les Cyclopes qui étoient des géans, n'ayant qu'un œil au milieu du front.

On le représente la tête couverte d'un bonnet, un marteau à la main, et s'appuyant sur une enclume.

MINERVE.

Les noms de Minerve et de Pallas étoient indifféremment donnés à la déesse de la sagesse et des arts : on la disoit fille de Jupiter, et sortie toute armée de son cerveau, au moyen d'un coup de hache donné par Vulcain.

Vulcain — Pluton

Mars — Minerve

Arachné, ayant osé la défier aux travaux de l'aiguille, fut changée en araignée par la jalouse déesse. Elle fut aussi en rivalité avec Neptune, pour le droit de nommer la ville bâtie par Cécrops. Jupiter prononça que ce droit appartiendroit à celui des deux qui produiroit l'objet le plus utile. Neptune frappa la terre de son trident, et en fit jaillir le cheval : mais Minerve fit sortir l'olivier, qui, considéré comme emblème de la paix, emporta le prix, et la ville reçut le nom de la déesse, qui est en grec *Athènes.*

On représente Minerve avec la taille majestueuse d'une femme armée de pied en cap : la pique à la main, l'égide ou peau de chèvre sur la poitrine, avec la tête de Méduse. Cette même tête est aussi sur le bouclier de la déesse, à laquelle on donne pour attribut le hibou ou l'olivier.

APOLLON.

Apollon étoit fils de Jupiter et de Latone, qui, poursuivie par le courroux implacable de Junon, se réfugia dans l'île flottante de Délos, que Neptune rendit stable en sa faveur. C'est là que Latone accoucha d'Apollon et de Diane.

On appelle aussi Apollon, Phœbus, le dieu du jour ; le Soleil, le fils de Latone, le père des Muses , le vainqueur de Python. La plupart de ces noms lui viennent de ses différentes fonctions ; il conduisoit le char radieux du soleil , présidoit sur le Parnasse aux travaux des Muses , inspiroit les poètes et donnoit aux orateurs des leçons d'éloquence , rendoit les oracles au temple de Delphes par la bouche de la Pythie , dans le pays même qu'il avoit préservé des ravages du serpent Python.

On le représente tantôt dans un char radieux traîné par quatre chevaux , *Eoüs* , *Piroïs* , *Œton* , et *Phlegon* , escorté des quatre Saisons ou des Heures , et précédé de l'aurore ; quelquefois debout , ayant un arc à la main , et toujours sous les traits de la plus brillante jeunesse , les cheveux ceint d'un diadème et le carquois sur l'épaule.

DIANE.

CETTE déesse étoit sœur d'Apollon , elle présidoit à la nuit ; soit qu'elle fût appelée *Phébée* ou la Lune dans le ciel , *Diane* ou la déesse de la chasse , dans l'obscurité des forêts ; enfin , *Hécate* , ou la déesse des ténèbres , dans les enfers. Son occupation ordinaire étoit de courir après les bêtes fauves dans les bois. Quelquefois elle se reposoit dans les lieux les plus ombragés avec ses
nymphes ,

nymphes, qui étoient des jeunes filles qui la suivoient par-tout, souvent elles se baignoient toutes ensemble. Un jour Actéon, jeune chasseur, les aperçut au bain ; la déesse pour l'en punir, le changea en cerf, et il fut dévoré par ses chiens.

On la peint le carquois sur l'épaule, l'arc à la main, le croissant sur le front ; elle court légèrement à la chasse ou est traînée par des cerfs.

BACCHUS.

Bacchus étoit fils de Sémélé et de Jupiter. Sa mère qui étoit une simple mortelle, ayant désiré voir Jupiter dans toute sa gloire, son palais en fut consumé, et elle périt dans l'incendie. Jupiter sauva Bacchus qui n'étoit pas encore né, en le cachant dans une de ses cuisses, jusqu'à l'instant marqué pour sa naissance. Aussitôt Mercure le porta aux nymphes de Nysa, qui, dans la suite, furent changées en ce groupe d'étoiles nommé les *Hyades*. Bacchus se distingua à la guerre : poussa ses conquêtes dans l'Inde, aida Jupiter à combattre les Géans, enseigna aux hommes la culture de la vigne, et épousa Ariadne que Thésée avoit abandonnée dans l'île de Naxos ; il fut adoré comme le dieu du vin.

Bacchus est ordinairement sous la figure d'un bel enfant ou d'un beau jeune homme, couronné de pampre ou de lierre, une peau de tigre sur l'épaule, le thyrse à la main, un tambour de basque à ses pieds, et des léopards traînant son char.

On le représente quelquefois avec Silène qui l'avoit nourri. C'étoit un bon vieillard qui aimoit le vin un peu plus qu'il ne faut. Il avoit suivi son élève dans la conquête de l'Inde. Sa monture étoit un âne.

GRACES.

On en comptoit trois, Aglaé, Thalie et Euphrosine. Elles étoient filles de Bacchus et de Vénus, et accompagnoient souvent cette dernière. Leur pouvoir s'étendoit à tous les agrémens de la vie. Elles dispensoient non-seulement aux hommes la bonne grâce, la gaieté, l'égalité d'humeur, la facilité des manières, et toutes les autres qualités qui répandent tant de charmes dans la société, mais encore la libéralité, l'éloquence, la sagesse. La plus belle de toutes leurs prérogatives, c'est qu'elles présidoient aux bienfaits et à la reconnoissance.

On les représentoit nues et jeunes, se tenant toutes trois.

CUPIDON ou L'AMOUR.

Cupidon étoit fils de Mars et de Vénus ; mais Jupiter, croyant éviter les maux que Cupidon devoit causer, ne voulut pas permettre qu'il fût élevé dans les cieux ; on le rélégua dans les bois, où il ne tarda pas à essayer sur les animaux les flèches qui devoient un jour le rendre le plus malfaisant des dieux.

On le peint comme un jeune enfant, ou un jeune homme avec des ailes couleur d'azur, pourpre et or, quelquefois les yeux couvert d'un bandeau, le carquois sur l'épaule, l'arc à la main et un flambeau : son culte avoit lieu principalement à Cythère. Il présidoit à la volupté.

AMPHITRITE.

Elle étoit fille de l'Océan et de Doris, et femme de Neptune. Ce mariage la rendit déesse de la mer, et elle eut beaucoup d'enfans, entre autre Triton et l'Océan le père des fleuves, qui fut marié à Thétis, et c'est de cette union que naquirent les nymphes.

On la représente, le sceptre à la main, dans un char ou une conque traînée par des chevaux marins.

PLUTON.

Pluton eut le sort de ses autres frères, c'est-à-dire, que Saturne l'avoit dévoré; mais Jupiter, sauvé par sa mère, ayant fait prendre un breuvage à Saturne, ce dernier fut forcé de rejeter de son sein ceux qu'il avoit engloutis. C'est ainsi que Pluton revit le jour; aussi n'oublia-t-il rien pour seconder son frère, et le faire triompher des Titans. Après la victoire, Pluton eut pour son partage la région des enfers. Ce dieu étoit si noir et si laid, qu'il ne pouvoit trouver une épouse : il fut obligé d'enlever Proserpine, lorsqu'elle alloit puiser de l'eau à la fontaine d'Aréthuse en Sicile.

Il habitoit ordinairement dans les enfers, c'est-à-dire, dans les abîmes de la terre, où les ames des morts étoient conduites, soit pour expier leurs forfaits dans le tartare, soit pour goûter les charmes paisibles des Champs Elysées.

On l'honoroit en immolant des taureaux ou des brebis de couleur noire et en nombre pair : on lui donne une couronne de fer, un bident (ou fourche) pour sceptre, l'air farouche, une barbe épaisse, et près de lui le cerbère ou chien à trois têtes.

BELLONE.

BELLONE étoit la déesse de la guerre, elle étoit fille de Phorcys et de Céto. Ses prêtres célébroient sa fête en courant les uns sur les autres armés de sabres, et jusqu'à effusion de sang. Elle est représentée armée de pied en cap et tenant à la main le flambeau ou le foudre de la guerre.

HERCULE.

HERCULE ou Alcide étoit fils de Jupiter et d'Alcmène. La jalousie de Junon ne put empêcher la naissance d'Hercule : en vain même elle envoya deux serpens pour l'étouffer dans son berceau, le jeune Alcide les étouffa, et fit ainsi connoître son origine divine.

Il eut long-temps à combattre les embûches de Junon, qui exigea de lui jusqu'à douze travaux, indépendamment des autres actions par lesquelles il trouva occasion de se signaler. Ces douze travaux sont :

1°. Le lion de Némée, qu'il tua dans cette forêt pour délivrer le royaume de Mycène, et dont la peau devint la plus belle parure d'Hercule dans tout le reste de sa vie. 2°. L'hydre de Lerne, qui avoit sept têtes renaissantes à cha-

que fois qu'on en coupoit une ; il en triompha
en les coupant toutes d'un seul coup. 3°. Le
sanglier d'Érymanthe d'une grosseur prodigieu-
se, qu'il apporta tout vivant à Eurysthée, sus-
pendu par les pieds sur son épaule. 4°. La bi-
che aux cornes d'or et aux pieds d'airain, qui
étoit consacrée à Diane, et qu'il n'étoit possi-
ble de vaincre qu'à la course. 5°. Les oiseaux
du lac Stymphale, dont il vint à bout de dé-
truire les nuées innombrables à coup de flèches. 6°. Les étables d'Augias, qu'il ne put
nettoyer qu'en détournant le fleuve Alphée,
pour y faire passer ses eaux. 7°. Le taureau de
Crète, que Neptune avoit déchaîné furieux
dans les plaines de Marathon, et qu'Eurysthée
obligea Hercule de dompter. 8°. Les chevaux
de Diomède que ce roi nourrissoit de chair
humaine, et auxquels Hercule donna leur pro-
pre maître à dévorer. 9°. Les Amazones dé-
faites avec leur reine Hippolyte. 10°. Les bœufs
de Ceyron qu'il fallut enlever, en tuant ce roi
d'Espagne, terrible par son triple corps, et
ramener d'Espagne en Grèce. 11°. Les pommes d'or du jardin des Hespérides, gardées
par un dragon à cent têtes qu'Hercule tua à
coups de massue. 12°. Cerbère ramené des
enfers, où Hercule descendit deux fois, d'a-
bord avec son ami Thésée, pour obéir à Eu-
rystée, en lui amenant Cerbère, ensuite pour

chercher la reine Alceste, qui s'étoit vouée à la mort pour son mari Admète.

Le centaure Nessus lui ayant enlevé Déjanire, Hercule le poursuivit et l'atteignit d'une flèche empoisonnée par le sang de l'hydre de Lerne. Nessus, expirant au milieu des plus cruelles souffrances, persuada à Déjanire de faire porter à Hercule en signe de reconciliation, une tunique teinte de son sang. Hercule ne l'eut pas plutôt revêtue qu'il se sentit dévorer du même poison, et dans sa rage il fit dresser sur le mont OEta un bûcher, et termina ses jours dans les flammes ; mais Jupiter le reçut dans l'Olympe, le plaça au rang des dieux, et lui donna pour épouse Hébé, déesse de la jeunesse.

On le représente sous l'air de l'homme le plus robuste, et souvent debout, appuyé sur sa massue, ayant sur les épaules, la peau du lion de Némée, et dans une main les pommes des Hespérides.

POMONE.

C'ÉTOIT une nymphe d'une rare beauté, tous les dieux champêtres envioient sa conquête, Vertumne, Dieu des jardins, et qui changeoit de forme à son gré, parvint à lui plaire. On la peint couronnée de grappes de raisins, et tenant une corbeille remplie de fruits.

PAN.

C'ÉTOIT le premier des dieux champêtres. On le représente avec le corps d'un homme, les jambes de bouc et les cornes sur le front. Les Egyptiens adoroient sous ce symbole, le principe de la fécondité de la nature. Le mot *Pan*, exprimant *tout* en grec. On le dit fils de Mercure et de Pénélope. Pan étoit principalement honoré en Arcadie, où il rendoit des oracles célèbres.

FLORE.

C'ÉTOIT une nymphe fort belle ; Zéphire épris de sa beauté en fit son épouse, et lui donna pour douaire l'empire des fleurs. Elle avoit un jardin délicieux où les Heures et les Grâces venoient cueillir leurs bouquets. Les Sabins l'adorèrent, et transmirent son culte aux Romains. Lorsque les femmes célébroient les jeux floraux, c'est-à-dire, les fêtes de cette déesse, elles couroient nuit et jour, dansant au son des trompettes ; et celles qui remportoient le prix à la course, étoient couronnées de fleurs. On représentoit cette déesse ornée de guirlandes, et auprès d'elle des corbeilles pleines de fleurs.

Flore

Pan et Satyre

Plutus

Thémis

MUSES.

Ce sont neufs chastes sœurs nées de Jupiter et de Mnémosyne, déesse de la mémoire. Elles avoient pour attribution tout ce qui tient aux opérations de l'esprit, et habitoient le mont Parnasse, sur les bords du Permesse et de l'Hippocrène.

Elles s'appeloient Clio, Thalie, Melpomène, Euterpe, Terpsichore, Erato, Polymnie, Uranie, Caliope.

Voici qu'elles sont leurs fonctions et leurs attributs ;

Clio, muse de l'histoire, chargée de la gloire des héros, est couronnée de lauriers et tient à sa main le livre de l'immortalité.

Thalie, muse de la comédie, tient à sa main le masque de la satyre : on la couronne quelquefois de lierre.

Melpomène, muse de la tragédie, tient un poignard, offre l'image d'une douleur héroïque, et s'incline sur une urne funéraire.

Euterpe, muse de la musique et de la poésie pastorale, tient une double flûte.

Terpsichore, muse de la danse est représentée dansant et s'accompagnant sur la harpe.

Erato, muse de la poésie lyrique, a pour attribut une lyre, un flambeau et l'amour.

Polymnie, muse de l'éloquence. Quelques-uns lui attribuent l'invention de la lyre : on la représente aussi enveloppée dans un grand manteau.

Uranie, muse de l'astronomie, est couronnée d'étoiles, et mesure avec un compas les différentes proportions du globe céleste.

Enfin, Calliope, muse de la poésie héroïque ou épique, embouche la trompette et s'appuye sur des faisceaux d'armes. Appollon ou Phœbus est ordinairement à leur tête, unissant les sons de sa lyre divine à leurs accents.

ESCULAPE.

Esculape dieu de la médecine étoit fils d'Apollon et de Coronis. Son éducation fut confiée au centaure Chiron, pour lui apprendre la botanique, les propriétés des plantes, et tous les secrets de la médecine. Peu content de guérir les malades, il ressuscita même les morts, de sorte que Jupiter irrité, tua Esculape d'un coup de foudre. Apollon, indigné de la mort de son fils, tua les Cyclopes qui avoient forgé la foudre dont Jupiter s'étoit servi. Peu de temps après sa mort, il reçut les honneurs divins. Son culte fut établi d'abord à Epidaure, lieu de sa naissance, d'où il se répandit bientôt dans toute la Grèce. On l'honoroit sous la figure d'un serpent. On le représente en vieillard à longue barbe, appuyé sur un bâton, autour duquel un serpent est entortillé.

PROSERPINE.

Pʀᴏsᴇʀᴘɪɴᴇ étoit fille de Jupiter et de Cérès, elle vivoit en Sicile, auprès de sa mère, lorsque Pluton l'enleva pour en faire la reine des enfers. Cérès parcourut en vain l'univers, un flambeau à la main, pour la trouver ; et lorsqu'elle eut appris le sort de sa fille, elle demanda vengeance à Jupiter. Ce dieu promit de lui rendre sa fille, si elle n'avoit pas mangé depuis son entrée dans le sombre empire. Proserpine convaincue, par l'indiscrétion d'Ascalaphe, d'avoir mangé quelques grains de grenade, fut contrainte à se partager, six mois auprès de son mari, six mois auprès de sa mère.

On représente Proserpine sur un trône d'ébène, un sceptre à la main.

ÉOLE.

Iʟ étoit fils de Jupiter et de Ménalippe, et dieu des vents, qu'il tenoit enfermés dans une grotte de Thrace pour les déchaîner à son gré. Il devoit à Junon la faveur d'être admis dans l'Olympe, et son empire sur les vents.

On le représente comme un vieillard vénérable, la tête couronnée, assis sur les nuages, d'où s'échappent les vents, sous la figure de tête boufflies.

~~~~~~

HÉBÉ.

ELLE étoit fille de Jupiter et de Junon, qui l'établirent déesse de la jeunesse, et la chargèrent de verser le nectar à la table des dieux.

S'étant un jour trop empressée, elle se laissa tomber d'une manière peu décente, Jupiter lui ôta son emploi pour le donner à Ganimède, et dans la suite elle épousa Hercule.

On la représente couronnée de fleurs, légèrement vêtue, et tenant un vase et une aiguière pour servir le nectar.

~~~~~~

MORPHÉE.

MORPHÉE étoit fils du sommeil et de la nuit. C'est à lui que les hommes doivent les douceurs du repos, et les illusions dont ils sont bercés en dormant.

Morphée est couronné de pavots, profondément endormi sur un lit semé des mêmes fleurs : on lui donne aussi des ailes de chauve-souris,

La Fortune   B.N

Un Génie   B.N

Castor et Pollux   B.N

Philémon et Baucis   B.N

souris, et les oiseaux nocturnes voltigent autour de lui.

FORTUNE.

C'étoit une des nymphes qui cueilloient des fleurs avec Proserpine lorsqu'elle fut enlevée. Homère dit qu'elle est fille de l'Océan, et que c'est d'elle que nous viennent tous les biens et tous les maux.

Chaque Poète s'est plu à la représenter à sa façon. On la reconnoît ordinairement au bandeau qui couvre ses yeux, et à la corne d'abondance qu'elle tient à sa main ; son voile est le jouet des vents, et elle semble s'élancer, un pied sur une roue ou sur une boule.

MOMUS.

Son sort est de présider aux jeux et aux amusemens de l'Olympe : il est le Dieu de la joie, et passe pour fils du sommeil et de la nuit. Il est aussi le dieu de la critique ; et on raconte que, chargé de juger les chefs-d'œuvres présentés par Minerve, Neptune et Vulcain, il n'en trouva aucun exempt de blâme.

Il a l'air jovial, une marotte à la main, quelquefois un masque de l'autre, et sur la tête un bonnet tailladé et garni de grelots.

SYRÈNES.

Ce n'étoient que des nymphes filles du fleuve Acheloüs, et habitantes des îles de Sicile.

On en compte trois entr'autres, Partenope, Lygée et Telxiope ; elles avoient la tête et le haut du corps de la beauté la plus éclatante, et le reste du corps de poisson : leur voix enchanteresse charmoit les voyageurs, qu'elles faisoient périr avec cruauté.

On les représente nues dans la mer, et jouant de plusieurs instrumens.

HARPOCRATE.

Ce Dieu égyptien, fils d'Isis et d'Osiris, tient le doigt sur la bouche pour marquer qu'il est le dieu du silence. On le peint sous la figure d'un jeune homme, un hibou à ses côtés. Les figures égyptiennes lui mettent de plus un fouet à la main.

PARQUES.

Elles étoient trois, Clotho, Lachesis et Atropos, et filles de l'Érèbe et de la nuit. Maîtresses du sort des hommes, elles en régloient les destinées, en conduisant le fil de leurs

jours ; Clotho présidoit à la naissance et tenoit la quenouille, Lachesis filoit les divers
événemens de la vie , et Atropos en coupoit le
fil au moment de la mort.

Les parques filoient de la laine dont la couleur désignoit le sort des mortels soumis à
leurs décrets. La noire annonçoit une vie
courte et infortunée ; la blanche une existence
longue et heureuse.

On les représente sous la forme de trois
femmes âgées , ayant une couronne d'étoiles,
ou une simple bandelette autour de la tête.
Une robe blanche bordée de pourpre leur
couvre tout le corps. L'une tient les ciseaux,
l'autre les fuseaux, et la troisième une quenouille.

LES DEMI-DIEUX et HÉROS.

On désigne sous ce nom , des héros, qui
ayant pour père un dieu, ou une déesse pour
mère , ont mérité par leurs belles actions, d'ê-
tre admis dans l'Olympe après leur mort. Tel
est Hercule dont nous avons parlé.

Le culte des héros étoit distingué de celui
des dieux, qui consistoit en sacrifices et li-
bations , pendant que celui des héros n'é-
toit qu'un espèce de pompe funèbre.

2

CASTOR et POLLUX.

Ils étoient fils de Léda, femme de Tyndare, et frères de Clytemnestre et d'Hélène. Jupiter n'étoit père que de Pollux et d'Hélène ; mais l'amitié des deux frères, mérita qu'ils partageassent la divinité. Ils s'aimoient si tendrement, qu'ils ne se quittoient jamais. Castor étant mort le premier, Pollux affligé de la mort de son frère, pria Jupiter de le rendre immortel. Cette prière ne pouvant être entièrement exaucée, l'immortalité fut partagée entr'eux, de sorte qu'ils vivoient et mouroient alternativement. Cette vie dura jusqu'au temps où l'un et l'autre furent métamorphosés en astres et placés dans le zodiaque, sous le nom de la constellation des Gémeaux. Ils furent comptés au nombre des grands dieux de la Grèce.

BELLÉROPHON.

Il étoit fils de Glaucus roi d'Epyre, ayant eu le malheur de tuer à la chasse son frère Pyrrène, il se réfugia chez Proetus roi d'Argos. La femme de ce prince l'ayant trouvé insensible, l'accusa d'avoir voulu la séduire. Le roi pour ne pas violer les droits de l'hospitalité, l'envoya à Jobates roi de Lycie et père de sa femme , avec prière de le venger. Celui-ci pour le faire périr , lui donna à combattre la Chimère, monstre qui désoloit le pays ; ce monstre avoit la tête d'un Lion, le corps d'une chèvre , la queue d'un serpent et vomissoit la flamme. Il en triompha aidé de Minerve, qui lui prêta Pégase cheval ailé. Il dompta les Solymes , les Amazones et les Liciens. Joba-tes reconnut enfin son innocence et le fit son successeur , lui donnant sa fille en mariage.

JASON.

JASON étoit fils d'Eson roi de Théssalie , qui confia la tutelle de son fils à Pélias ; celui-ci craignant l'instant où il faudroit remettre le sceptre à Jason, l'excita à tenter la fameuse conquête de la toison d'or , dont il ne parois-soit pas probable qu'il revint, et dont voici l'histoire.

Les dieux avoient donné au fils d'Eole Atha-mas, un bélier dont la toison étoit d'Or. Phry-xus , fils d'Athamas, fuyant la colère de sa belle-mère , traversa la mer avec sa sœur Hel-lé , sur le dos de ce bélier, et en arrivant aux côtes de la Colchide , il le sacrifia à Jupiter ; fit offrande de la toison au roi Ætès , qui la consacra au dieu Mars , sous la garde d'un

dragon furieux, et de taureaux à gueules en-
flammées.

Les plus fameux héros l'accompagnèrent,
et ils fabriquèrent à cette occasion le premier
vaisseau, dont le nom *Argo* leur valut celui
d'*Argonautes* ; ils eurent en chemin une foule
d'aventures, et Jason triompha du dragon par
le secours magique de Médée, qu'il abandonna
ensuite pour Creuse, fille du roi de Corinthe.
Il en fut bientôt puni. Creuse, le roi son
père, les enfans de Jason et de Médée en furent les victimes.

PERSÉE.

Persée étoit fils de Jupiter et de Danaé,
que son père Acrise tenoit enfermée dans une
tour. Jupiter y pénétra sous la forme d'une
plaie d'or. Acrise furieux, exposa sur la mer
Danaé avec le fils qu'elle avoit eu, et qui fut
adopté par Polydecte, roi des Cyclades.

Dans la suite, Persée fut chargé d'aller cou-
per la tête de Méduse, l'une des Gorgones
qui désoloient le pays : elles n'avoient qu'un
œil à elles trois, mais elles changeoient en rochers tous ceux qu'elles regardoient.

Aidé de Minerve, de Neptune et de Mercure, il réussit dans cette expédition. Il changea
Atlas en rocher pour lui avoir refusé l'hospita-

lité ; il enleva les pommes d'or du jardin des Hespérides , et délivra Andromède en pétrifiant le monstre qui alloit la dévorer. Après avoir épousé cette princesse qu'il lui fallut acheter une seconde fois par un combat contre Phinée , il vint en Grèce , rétablit Acrise sur le trône d'Argos et tua l'usurpateur.

THÉSÉE.

Il étoit fils d'Ægée roi d'Athènes , qui lui confia le soin de délivrer sa patrie du tribut honteux imposé par Minos roi de Crète : chaque année il falloit envoyer sept jeunes garçons et sept jeunes filles pour être dévorés par le Minotaure. Thésée, aidé par Ariadne fille de Minos , parvint , avec un peloton de fil , au centre du labyrinthe où le Minotaure l'attendoit ; il l'attaqua et le tua.

Thésée fut l'ami et souvent le compagnon d'Hercule , qui le délivra de l'enfer où il avoit été avec Proserpine , et lui fit épouser Hypolyte reine des Amazones , dont le fils Hypolyte eut tant à souffrir de Phèdre seconde femme de Thésée. Les Épirotes le firent prisonnier ; pendant ce temps Menestée s'empara de ses états. Etant de retour , il le chassa du trône , y remit ses enfans , et gouverna parfaitement son peuple.

CADMUS.

Il étoit fils d'Agénor roi de Phénicie, et frère d'Europe : lorsque Jupiter eut enlevé cette princesse, Agenor chargea Cadmus d'aller à sa recherche.

Arrivé en Grèce, il consulta l'oracle de Delphes, qui lui ayant ordonné de bâtir une ville dans le lieu où le conduiroit un bœuf, le fit jeter en Béotie les fondemens de Thèbes. Il vit tous ses compagnons dévorés par un dragon ; mais Minerve, soutenant son courage, il tua le dragon, lui arracha les dents et les sema sur la terre. De nombreux combattans en sortirent, qui se tuèrent tous, excepté cinq, avec lesquels Cadmus acheva de construire Thèbes.

Il épousa Hermione, fille de Mars et de Vénus. Un second oracle lui ayant annoncé des malheurs pour sa postérité, il se retira en Illyrie pour ne pas en être témoin. Il fut changé en serpent ainsi que sa femme.

Les Grecs lui attribuoient l'invention de l'alphabet. Il apporta dans la Grèce le culte de la plupart des divinités d'Egypte et de Phénicie. On lui attribue encore l'invention de faire fondre les métaux.

SIÉGE DE TROIE.

LA Discorde n'ayant point été invité aux noces de Thétys et de Pélée où tous les dieux furent, jeta sur la table du festin une pomme d'or, avec cette devise : *A la plus belle.* Junon, Pallas et Vénus se la disputant, Jupiter nomma pour juge Pâris, dernier fils du roi de Troye, qui gardoit des troupeaux sur le mont Ida. Junon promit le pouvoir et la richesse, Minerve le savoir et la vertu, et Vénus la plus belle femme du monde. Pâris prononça en faveur de Vénus ; il enleva ensuite Hélène à Ménélas roi de Lacédémone : la Grèce entière, excitée par la fureur de Junon et la fierté de Pallas, voulut venger cet affront et s'embarqua pour renverser Troye, ville célèbre de l'Asie Mineure, dans la quelle Pâris s'étoit réfugié.

Les principaux chefs, étoient du côté des Grecs. Agamemnon roi de Micènes, frère aîné de Ménélas et généralissime, Ménélas, Achille, les deux Ajax, Nestor, Idoménée, Ulysse, Diomède, Philoctète, Patrocle, et par la suite Pyrrhus fils d'Achille. Les Troyens, leurs opposèrent Hector, Pâris, Déiphobe, Hélénus, tous fils de Priam, Enée, Memnon, Sarpédon, Rhésus et Pentésilée reine des Amazones.

Les plus vaillans de ces héros furent Achille parmi les Grecs , Hector parmi les Troyens. Achille , fils de Thétis , fut vainqueur d'Hector , mais il périt ensuite d'un coup de flèche que Pâris lui décocha , et qui l'atteignit au talon , seul endroit où il n'étoit pas invulnérable.

Ce siége dura dix ans , pendant lesquels le plus grand nombre des chefs périt. Les dieux y prirent part ; Vénus , Mars et Apollon défendoient les Troyens ; Junon , Minerve , Vulcain protégeoient les Grecs. Jupiter seul laissa agir les destins.

A la fin de la dixième année , les Grecs lassés d'un si long siége eurent recours à un stratagème dont le perfide Sinon facilita le succès. Celui-ci feignant de déserter du camp des Grecs , qui laissoient un immense cheval de bois en offrande à Minerve , persuada aux Troyens d'introduire ce cheval dans leur ville , leur assurant que cela la rendroit imprenable : le conseil fut suivi. On abattit une partie des murs pour donner passage au cheval , et le fourbe Sinon au milieu de la nuit alla ouvrir les flancs de ce cheval , et en fit sortir 50 guerriers , qui sous la conduite d'Ulysse s'y étoient cachés. Ils firent approcher les Grecs placés au dehors de la ville en embuscade , et livrèrent Troye aux flammes , au fer et au pillage.

Peu de héros grecs retournèrent dans leur

patrie. Agamemnon ne revint que pour être immolé par le nouvel époux que Clytemnestre vouloit se donner ; Ménélas ramena Hélène ; Idoménée , Philoctète et Nestor retrouvèrent leurs foyers , Ulysse erra dix ans avant de rentrer à Ithaque.

Ce roi , regardé comme le plus éloquent et le plus asticieux des hommes, fut retenu plusieurs années dans l'île de Calypso , n'échappa qu'avec peine aux maléfices de Circé et à la voix des Syrènes , pensa être dévoré par le cyclope Polyphème, fut accueilli par le roi des Phéaciens , et trouva en rentrant chez lui son palais rempli des nombreux prétendans à la main de Pénélope. Cette fidèle épouse avoit trouvé le moyen d'échapper à leur poursuite.

Ulysse sans se faire connoître , aidé de son fils Télémaque et de son vieux serviteur Eumée , extermina tous ces prétendans.

Les Troyens qui survécurent à leurs malheurs furent Enée et ses compagnons ; Vénus, sa mère , le protégea dans sa fuite , pour être le fondateur de Rome. Il s'embarqua avec son père Anchise et son fils Ascagne , vit aussi le cyclope Polyphème et les redoutables Syrènes, fut arrêté à Carthage par la reine Didon , aborda deux fois en Sicile, et vint en Italie s'unir au roi Latinus en épousant sa fille Lavinie ; et en exterminant Turnus, à qui elle étoit promise.

C'est à cette époque que finissent tous les récits de l'antique mythologie. Quelques princes ont été honorés de l'Apothéose. Ovide a jeté quelques traits de merveilleux sur les premiers Romains ; mais ces tributs d'adulation et de flatterie ne se sont jamais identifiés avec l'Olympe des anciens Grecs.

TRAITS REMARQUABLES

DE LA FABLE.

PYRAME ET TISBÉ.

Pyrame étoit un jeune homme accompli, et Thisbé une fille parfaite : ils demeuroient à Babylone dans deux maisons voisines, où une fente dans une muraille facilitoit leurs entretiens, car leurs parens avoient des intérêts particuliers qui les divisoient. Il se donnèrent un rendez-vous hors de la ville, proche le tombeau de Ninus, sous un mûrier blanc. Thisbé, couverte d'un voile, s'y rendit la première, lorsqu'une lionne qui avoit la gueule ensanglantée, l'obligea de fuir avec tant de précipitation, qu'elle laissa tomber son voile ; la lionne le déchira, et y laissa des traces de sang. Pyrame, arrivé au rendez-vous, trouva

le

le voile ensanglanté ; il ne douta point que Thisbé n'eût été dévorée par quelque bête : sans autre examen, il se perça de son épée. Il respiroit encore, lorsque Thisbé sortit du lieu qui la cachoit : elle trouva son corps palpitant et baigné de sang, et ne doutant point que le voile déchiré n'eût été la cause de l'erreur dont Pyrame étoit la victime, elle se perça de la même épée, et tomba sur le corps de son amant. Le mûrier fut teint de son sang, et changea ses mûres en une couleur de noir-pourpre.

PHILÉMON et BAUCIS.

ON voit, au pied d'une colline de la Phrygie, deux arbres qu'on a enfermés de murailles : il y a auprès un lac qui étoit autrefois une terre habitée. Jupiter et Mercure, sous la figure d'hommes, vinrent visiter ce pays : ils furent à la porte de mille maisons, voir si l'on voudroit les recevoir ; ils furent rebutés partout. Un vieillard appelé Philémon, et une bonne vieille, sa femme, appelée Baucis, les reçurent avec joie ; ils étoient sans enfans. Dès que ces dieux furent entrés dans la cabane, on alluma du feu, on prépara ce qu'il y avoit de meilleur, on tua quelque volaille, on leur lava les pieds. Après le repas, ces dieux se firent connoître ; ils déclarèrent au mari qu'ils alloient châtier et faire périr tout le pays de leur voisinage ; qu'il falloit sortir de leur maison et les suivre. A peine étoient-ils arrivés sur une montagne voisine, qu'ils virent tout le pays submergé. Leur cabane devint un temple, dont ils furent les ministres, et enfin parvenus à une extrême vieillesse, ils furent changés, Philémon en chêne et Baucis en tilleul.

HISTOIRE D'ATALANTE.

Atalante étoit fille d'un roi de Scyros, et l'exercice de la chasse la rendit très-habile à la course ; elle lutta contre Pélée, et remporta le prix. Sa beauté la faisoit rechercher de toutes parts. Pour se débarrasser de ses amants, elle leur proposa de courir sans armes, qu'elle courroit avec un javelot, qu'elle pourroit percer de cette arme ceux qu'elle vaincroit, mais qu'elle seroit l'épouse du vainqueur. Plusieurs avoient déjà perdu la vie, losqu'Hippomène se mit sur les rangs. Vénus lui fit présent de trois pommes d'or du jardin des Hespérides, qu'il jeta dans la couse à différentes distances. Atalante s'amusa à les ramasser ; elle fut vaincue, et devint le prix de la victoire. Peu après, ayant profané avec son mari un temple de Cybèle, ils furent changés en lions.

HISTOIRE DE MÉLÉAGRE.

MÉLÉAGRE étoit un des héros de la Grèce, il fut de l'expédition des Argonautes, et chef de la fameuse chasse de Calydon, sanglier affreux, que Diane, méprisée par le père de Méléagre, avoit envoyé dans ses terres pour les ravager; Méléagre rassembla grand nombre de chasseurs, et tua cet animal. Sa dépouille excita une nouvelle guerre où il tua ses oncles. Althée, sa mère, piquée de ce qu'il avoit fait présent de la hure à Atalante, fille du roi d'Arcadie, et plus encore de la perte de ses frères, prit un tison fatal que les Parques avoient mis au feu à sa naissance, en prononçant ces paroles : *Cet enfant vivra tant que ce tison durera*, et le jeta au feu ; et à mesure qu'il brûloit, Méléagre sentit ses entrailles dévorées par un feu ardent qui les consuma.

TÉRÉE, PROCNÉ ET PHILOMÉLE.

TÉRÉE épousa Procné, fille de Pandion, roi d'Athènes. Procné, fâchée de se voir séparée de sa sœur Philomèle, engagea son mari de l'aller chercher, pour la conduire en Thrace. Térée, revenant avec Philomèle, ne songeoit qu'à satisfaire sa passion ; il la conduisit dans

2

un vieux château, où désespérée des reproches qu'elle lui faisoit, il lui coupa la langue. De retour chez lui, il se présenta à son épouse avec un air triste, et l'assura que Philomèle étoit morte dans le voyage. Philomèle broda dans sa prison, sur une toile l'attentat de Térée. Procné reçut la toile, et ne s'occupant que de sa vengeance, elle tira sa sœur du château, tua le fils qu'elle avoit eu de Térée, fit cuire ses membres, et les servit dans un festin à son mari ; Philomèle parut dans ce repas, et jeta sur la table la tête de l'enfant. Térée demanda des armes pour tuer les deux sœurs ; mais les dieux changèrent Procné en hirondelle, Philomèle en rossignol, Térée en huppe, et Itys le fils en faisan.

CÉPHALE et PROCRIS.

Céphale épousa Procris : unis par l'amour le plus tendre, ils vivoient heureux et contens, lorsque l'Aurore, éprise de la beauté de Céphale, l'enleva ; mais Céphale conserva son cœur à sa chère épouse, et l'Aurore le renvoya à Procris, en jetant dans son esprit quelque semence de défiance sur la conduite de Procris. Il reparut chez lui sans se faire reconnoître, employa mille stratagèmes et parvint à se faire écouter. Procris honteuse de sa foiblesse, court dans les bois, se met à la suite de Diane. Céphale l'accuse d'imprudence, va la consoler, et l'engage à revenir. Procris, à son tour, prit de la jalousie. Céphale aimoit la chasse : lorsqu'il étoit fatigué de tuer du gibier, il alloit se reposer à l'ombre ; là il appeloit le Zéphir : *Viens*, disoit-il, *soulager mon ardeur : viens, Zéphir, à mon secours.* Ce nom de *Zéphir* fut pris pour une nymphe. Procris alla se cacher dans un buisson voisin ; elle entendit Céphale répéter les douceurs au Zéphir ; l'infidélité ne parut plus douteuse, elle poussa des soupirs. Céphale, voyant remuer les broussailles, crut apercevoir un animal, lança son dard, et courut : il trouva Procris, qui expira entre ses bras.

HISTOIRE DE MIDAS.

Midas étoit un roi de Phrygie ; Bacchus vint lui rendre visite, accompagné du bonhomme Silène et des Satyres. Ces derniers s'arrêtèrent en route vers une fontaine où Midas avoit fait venir du vin. Silène s'enivra ; on le porta à Midas, paré de guirlandes et des fleurs : Bacchus, ravi de voir son père nourricier, ordonna au roi de lui demander tout ce qu'il souhaiteroit ; Midas demanda que tout ce qu'il toucheroit devînt or. Sa demande fut accor-

dée ; Midas toucha quelques branches d'ar-
bre, elles devinrent or ; il se lava les mains,
l'eau prit une couleur de liqueur d'or ; il prit
du pain , il le trouva converti en or ; il porta
à la bouche un morceau de viande, il trouva de
l'or sous la dent. Pauvre et riche tout à la fois,
il déteste ce funeste présent ; il demanda à Bacchus qu'il le délivrât d'un état qui n'a que l'ap-
parence du bien : Bacchus l'envoya se laver
dans le Pactole ; Midas obéit , et communiqua
sa vertu au Pactole, qui, depuis ce temps,
roule un sable d'or.

Midas fut arbitre entre Apollon et Pan.

Pan prétendoit que sa flûte devoit l'empor-
ter sur la lyre d'Apollon : Midas jugea en riche ignorant et sans goût, il donna la préférence à Pan. Apollon lui fit présent en consé-
quence d'une paire d'oreilles d'âne. Son barbier les aperçut ; le roi demanda le secret
avec menace : le barbier fit un trou en terre ,
et y enterra ce secret ; mais il crût des roseaux
en cet endroit, et ces roseaux, agités par le
vent , firent entendre : *Le roi Midas a des oreilles d'âne.*

LÉANDRE et HÉRO.

Léandre , jeune homme de la ville d'Abidos,
aimoit Héro , qui étoit de Sestos , ville située

de l'autre côté de la mer. Léandre passoit toutes les nuits l'Hellespont à la nage pour l'aller voir : un fanal éclairoit sa course. Léandre fut submergé par une tempête, et jeté par les flots au pied de la tour où Héro l'attendoit ; elle le reconnut, et se précipita sur lui dans la mer. Ce trajet étoit au moins de 7 stades, qui font 860 pas.

CLÉOBIS et BITON.

Cléobis et Biton étoient deux enfans qui donnèrent un exemple célèbre de piété filiale. Leur mère étoit prêtresse d'Argos, et devoit se rendre au temple à une certaine heure ; mais les chevaux et les bœufs manquant, ses deux fils s'offrirent pour traîner eux-mêmes le char sur lequel étoit leur mère.

Touchée de cet acte de piété filiale, la prêtresse demanda aux dieux d'accorder à ses enfans, ce qu'ils pouvoient recevoir de meilleur.

A peine ses vœux furent-ils exprimés, que Cléobis et Biton moururent. Sans doute, les dieux jugèrent que ce qu'il y avoit de meilleur pour l'homme vertueux, étoit de n'être plus exposé aux tentations du vice, et d'être délivré des misères de la vie.

FIN DE LA MYTHOLOGIE.

DE L'ÉCRITURE.

Il n'est pas nécessaire de démontrer combien il est utile de se faire une bonne écriture, puisqu'elle nous rend propres à toutes sortes d'emplois, soit dans les bureaux du gouvernement, soit dans les comptoirs des négotiâns. Nous indiquerons donc de suite les moyens d'y parvenir.

DE LA TAILLE DE LA PLUME.

Pour se disposer à la taille de la plume, il faut la tenir avec les trois premiers doigts de la main gauche, les deux autres pliés dans la main; tenir le canif avec les quatre doigts de la main droite sans le secours du pouce ; de manière qu'ils puissent agir sans le mouvement du poignet ; le pouce de la main droite appuyé sur celui de la main gauche, et à une distance suffisante pour que le canif puisse opérer sans toucher ni l'un ni l'autre pouce, *fig. a*, dans cette position, coupez l'extrémité de la plume sur le dos et faites y une légère incision avec le canif, *fig.* I, prolongez cette fente en insérant avec un peu de force le bout du manche de votre canif dans le tuyau de la plume ; ouvrez la plume du côté opposé, *fig.* 2, et faites les carnes en évidant les côtés pour former son bec, *fig.* 3, 4, introduisez dans son ouverture une plume pour diminuer l'épaisseur du bec en tenant le canif très-incliné, posez le ensuite sur son tranchant et appuyant un peu, donnez le dernier coup pour terminer le bec, *fig.* 5, 6, observant qu'il soit un peu plus long du côté du pouce pour les liaisons.

MANIÈRE DE TENIR LA PLUME.

On doit tenir la plume avec le pouce et le doigt du milieu, ce dernier doit être allongé sans roideur; l'index, (le doigt voisin du pouce) doit être allongé comme le doigt majeur et poser légèrement sur la plume. Le pouce doit être plié, de sorte que son extrémité se trouve vis-à-vis le milieu de la première phalange du doigt index, *fig.* 7. On doit observer de ne point trop serrer la plume; cette habitude est très-mauvaise, en ce qu'elle empêche la flexibilité du pouce, contribue beaucoup à rendre l'écriture lente, dure et pesante.

DE LA POSITION DU CORPS.

POSITION DES HOMMES EN ÉCRIVANT.

Pour écrire aisément et avec grâce, le siége et la table seront disposés de manière, qu'étant assis, les coudes se posent aisément sur la table. Une table trop haute pour le siége, empêche le bras d'agir et rend l'écriture pesante ; une table trop basse fait regarder de près, fatigue le corps et force les effets de la plume. Quoiqu'on recommande aux jeunes gens de tenir le corps droit vis-à-vis la table, le bras dont ils écrivent n'agiroit pas avec assez de liberté s'ils suivoient ce précepte avec trop de rigueur. Pour que rien ne gêne, la partie gauche du corps doit être proche de la table, sans cependant la toucher ; la partie droite doit en être éloignée de quatre à cinq doigts. Le bras gauche doit avancer sur la table et y poser depuis le coude jusqu'à la main, dont les doigts seuls doivent tenir le papier, *fig.* 8.

Le poignet doit être un peu élevé, de sorte qu'il y ait un peu de jour sous la main, qui doit être entièrement suportée par le petit doigt et le doigt suivant. Le petit doigt doit être placé sous l'autre, et leur extrémité séparée des autres d'un demi-pouce. La bonne position de ces deux doigts est essentielle, ils doivent toujours soutenir la main, en sorte qu'elle n'incline à droite ni à gauche.

Toutes les situations doivent être naturelles ; pour donner au corps de l'équilibre, la jambe gauche doit être en avant, la droite un peu en arrière, l'une et l'autre sans être croisées.

POSITION

DES FEMMES EN ÉCRIVANT.

Lorsqu'elles sont assises sur un siége proportionné à leur grandeur naturelle, il faut qu'elles tiennent le corps droit, et que les épaules soient élevées à la même hauteur. Que leurs bras, à une égale distance du corps, n'avancent sur la table que des deux tiers de l'avant-bras, et que l'autre tiers la déborde ; que le corps ne la touche point et en soit éloigné d'un travers de doigt. Que leur tête qui ne doit incliner d'aucun côté, soit un peu abaissée sur le devant, de manière que les yeux se fixent sur le bec de la plume pour conduire tous les mouvemens qu'elle fera sur le papier, lequel doit être positivement en face de la tête, et que les doigts de la main gauche dirigent en le tenant par en bas. Que les jambes posent toutes les deux à terre vis-à-vis le corps ; la jambe gauche plus avancée que l'autre, les pieds dans leur situation naturelle.

Les différens genres d'écriture règlent l'éloignement que le bras doit avoir du corps. La Ronde en exige plus que la Bâtarde et la Coulée. En divisant l'avant-bras en trois parties, les deux tiers seulement poseront sur la table, et l'autre tiers terminé par le coude la dépassera.

MAXIMES

PROPRES A SERVIR D'EXEMPLES D'ÉCRITURE.

Plus de douceur que de beauté,
me semble aux filles nécessaire.

Pour être heureux, il faut avoir
Plus de vertu que de savoir,
Plus de santé que de richesse,
Plus de repos que de profit.

Trop de repos nous engourdit ;
Trop d'activité, turbulence ;
Trop d'audace, témérité ;
Trop d'honneurs sous un esclavage.

Trop de bien devient un fardeau ;
Trop de plaisir mène au tombeau ;
Trop d'esprit nous porte dommage ;
Trop de fierté devient hauteur.

FIN.